Hohenlohe

Hohenlohe

Fotobildband von Siegfried Baier
Einführung: Martin Blümcke

mit **Textbeiträgen** von
Folker Förtsch, Christa Glück, Carlheinz Gräter,
Peter Hohl, Hans Mattern, Rudolf Schlauch, Gertrud Schubart,
Knut Siewert, Manfred Wankmüller

BAIER VERLAG

Fotos:

Seite 22	Eva Maria Kraiss
Seite 28, 89	Elisabeth und Wolfgang Schweikert
Seite 27	Robert Baier
Seite 42	Photo Schlossar
Seite 43, 86, 94, 96	Knut Siewert
Seite 48	Stadtarchiv Crailsheim
Seite 51	Kulturamt Feuchtwangen
Seite 57	Katholisches Pfarramt Stuppach
Seite 70	Burgmuseum Jagsthausen
Seite 84	Evangelisches Pfarramt Creglingen
Seite 90	Deutsches Automuseum, Schloss Langenburg
Seite 91	Stadtmuseum Crailsheim
Seite 92	Hällisch-Fränkisches Museum, Schwäbisch Hall
Seite 93	Hohenloher Freilandmuseum Wackershofen
alle übrigen	Siegfried Baier

Redaktion: Folker Förtsch

Layout und Gestaltung: Robert Baier
Satz: Hansjörg Wirth
Herstellung: Druckerei Steinmeier, Deiningen

3. Auflage 2010

Baier Verlag, 74551 Crailsheim
ISBN 978-3-929233-63-6
Besuchen Sie uns im Internet:
www.baier-verlag.de

Inhalt

Das ist ein schönes Land 6

Schwäbisch Hall 18

Rothenburg ob der Tauber 30

Crailsheim 38

Feuchtwangen 50

Dinkelsbühl 52

Bad Mergentheim 54

Öhringen, Künzelsau und der Hohenlohekreis 62

Burgen - Schlösser - Residenzen 68

Kirchen und Klöster 82

Museen in Hohenlohe 88

„DAS IST EIN SCHÖNES LAND!"

... sagen spontan diejenigen, die den Landstrich zwischen Heilbronner Bucht und der Grenze zu Bayern kennen. Der eine meint damit das Land der Bauern, die vor allem auf der Hohenloher Ebene und im breit ausgeräumten Taubertal Wiesen und Ackerfluren mit großreifigen, PS-starken Traktoren bearbeiten. Der andere hat die städtischen Schwerpunkte wie Öhringen, Künzelsau, Schwäbisch Hall, Crailsheim oder Bad Mergentheim vor Augen, die historische Entwicklungsringe vom Mittelalter bis heute aufweisen. Am schwächsten ist dies in Crailsheim zu erkennen, dessen Zentrum allerdings bei Kriegsende in Schutt und Asche lag. Im April 1945 wurde zehn Tage lang um die Stadt gekämpft: Das Kapitel heißt in der amerikanischen Geschichtsschreibung des Zweiten Weltkriegs die „Schlacht um Crailsheim". Auch Waldenburg war damals ein Trümmerhaufen. Doch all die anderen Residenzstädtchen der Hohenloher Fürsten wie Ingelfingen, Langenburg, Kirchberg an der Jagst, Bartenstein, Niederstetten und Weikersheim, die Burgen und Schlösser der Freiherren von Stetten und Berlichingen (Jagsthausen) haben vom Kriegsinferno unbeschadet ihren Charme bewahrt.

Ob gebaute Vergangenheit oder Landschaft - immer schwingt etwas Idyllisches mit, etwas Anheimelndes, was das Land und seine Einwohner auf Anhieb sympathisch macht. Zwei hochadelige Familien haben dem Bundesland Baden-Württemberg seinen Namen gegeben. Bei den Landschaftsbezeichnungen im „Ländle" greift dieses Erklärungsmuster nicht. Hegau, Baar, Oberschwaben, Ostalb, Kraichgau, Odenwald oder Bauland sind samt und sonders keine Adelsnamen. Nur Hohenlohe ist eine Ausnahme - eine Landschaft, die nach den Herren, Grafen und Fürsten von Hohenlohe benannt ist, die bis heute hier verwurzelt sind. Dieses Geschlecht hat nie das gesamte Gebiet beherrscht, bestenfalls ein Drittel davon. Das Territorium der Reichsstadt Schwäbisch Hall war nicht viel kleiner, dennoch heißt es nicht hällische, sondern Hohenloher Ebene. Diese Gegend gehörte bis zum Ende des alten deutschen Reichs zum Fränkischen Kreis, der in Nürnberg seinen Mittelpunkt hatte.

Nachdem Napoleon das morsche Staatsgerüst zum Einsturz gebracht hatte, kam zu Beginn des 19. Jahrhunderts Hohenlohe zum jungen Königreich Württemberg, das Gebiet weiter nördlich zum Großherzogtum Baden. König Friedrich ließ jedoch auf der Karte seines Landes keinen Namen zu, der sich auf eine ihm untergeordnete Hochadelsfamilie bezog, die zu gewissen Zeiten in seiner Residenz präsent sein musste. Der Königsthron im Ludwigsburger Schloss wurde mit kostbaren Stoffen drapiert, die man aus der Mergentheimer Residenz der Deutsch- und Hochmeister des Deutschen Ritterordens geholt hatte.

„Das Fürstenthum Hohenlohe ist einer der schönsten Edelsteine in Württembergs Krone, ein Ländchen, das alles aufzuweisen hat, was man sich billiger Weise wünschen mag. Es ist ein schönes Hügelland mit malerischen Thälern, auf der Sommerseite stundenlange Weinberge, auf der Winterseite fruchtbare Ackerfelder, und auf den Höhen herrliche Waldungen. Feldbau und Viehzucht stehen hoch, was besser ist als Fabriken und Manufacturen; der Viehhandel (mit Frankreich) brachte einst gewiß eine Million Gulden in das Land. Die Bevölkerung ist ansehnlich, biedere joviale Menschen, deren Sprache mehr fränkisch als schwäbisch ist, und hübschen Schlages". Diese Skizze seiner hohenlohischen Heimat stammt aus der Feder des Juristen und Schriftstellers Karl Julius Weber, der 1767 in Langenburg auf die Welt kam und 1832 in Kupferzell starb.

Der fränkisch redende Zuwachs im Norden des Königreichs war gewollt namenlos. Als Ersatzbegriff wurde Württembergisch Franken verwendet; und bis heute heißt der regionale Geschichtsverein mit Sitz in Schwäbisch Hall „Historischer Verein für Württembergisch Franken". Er konstituierte sich 1842, eines der Gründungsmitglieder war Eduard Mörike. Erst in den 20er Jahren des 20. Jahrhunderts schrieb dann der in Künzelsau geborene Geograf Georg Wagner in seine Karten wieder Hohenlohe und Hohenloher Ebene und propagierte damit diesen Landschaftsnamen. Nach dem Zweiten Weltkrieg trug der in Bächlingen bei Langenburg wirkende und schreibende Pfarrer Rudolf Schlauch, der Vater des Grünen-Politikers Rezzo Schlauch, viel dazu bei, die Schönheiten und Besonderheiten dieser Kulturlandschaft ins Bewusstsein zu bringen.

Im vorigen Jahrhundert wurden als Verwaltungseinheiten Oberämter geschaffen, die ihren Sitz in Öhringen, Künzelsau, Schwäbisch Hall, Gaildorf, Gerabronn, Crailsheim und Mergentheim hatten. Über die Zusammenlegung meist zweier Oberämter zu Kreisen Mitte der 1930er Jahre kam es dann im Zuge der baden-württembergischen Kreis- und Verwaltungsreform Anfang der 1970er Jahre zu einer nochmaligen Konzentration: Hohenlohekreis mit Sitz in Künzelsau, Kreis Schwäbisch Hall und Main-Tauber-Kreis, der im Süden Bad Mergentheim einschließt. Hier leben heute rund 450.000 Menschen, die sich als Hohenloher fühlen, wobei die Siedlungsdichte von Westen, von Heilbronn und Weinsberg her, in Richtung Osten und bayerische Grenze abnimmt. Entsprechend ist die Ausstattung mit Gewerbe und Industrie verteilt - stärker in Öhringen, in Künzelsau und das Kochertal hinunter bis Weißbach als in Schwäbisch Hall und Crailsheim, wobei es überall Betriebe gibt, die unternehmerischen (Erfinder-) Geist bezeugen.

Das Hohenloher Land, das in west-östlicher Ausdehnung etwa 80 Kilometer misst und von Gaildorf bis Bad Mergentheim auch auf diese Entfernung kommt, ist gegliedert und großflächig geformt. Selbst dort, wo alles eben erscheint, ist die Oberfläche wellig gestaltet. Zu diesem offenen Land gehört der Himmel, dessen Weite, dessen Wolkenformationen sich nur selten, etwa bei Gewittern und Schneestürmen, vorübergehend verengen. Man fühlt sich frei in dieser Gegend, in der Mond und Sonne für unglaubliche Farbnuancen sorgen.

Auf der Hohenloher Ebene - beiderseits von Jagst und Kocher - findet man Muschelkalk und Lettenkeuper mit der Auflage von Löß und Lößlehm. Das ist das Hohenloher Bauernland, mit tiefgründigen Böden, auf denen Getreide und Zuckerrüben gedeihen, die Mais und Wiesen wachsen lassen. Es versteht sich, dass die Viehzucht als weitere Stärke hinzukommt. Die Zentrale der Hohenloher Fleckviehzucht besitzt ihr neues Domizil in Ilshofen, die versteigerten Kühe und Bullen werden bis nach Südafrika exportiert. An den Stalltüren bezeugen reihenweise Plaketten das Prädikat des heimischen Rindviehs. Neuerdings besinnt man sich auf das Boeuf de Hohenlohe, das zwischen 1720 und 1780 von Riedbach und Pfitzingen bis nach Paris getrieben wurde. Sehr wahrscheinlich wurden die Trecks aus Hohenloher Landvieh zusammengestellt. Aus diesem Braunblessenschlag entstand später durch Einkreuzung von Simmenthaler Milchvieh das Fleckvieh. Das heute fast ausgestorbene Limpurger Vieh lief wohl vereinzelt im Treck mit. Auch wenn sich selbst an Kocher, Jagst und Tauber die Landwirtschaft auf dem Rückzug befindet, obwohl die Putenzucht expandiert und in jüngerer Zeit auch Straußenzucht begonnen wurde, ist Hohenlohe immer noch ein führendes Schweineland. Nicht nur wegen der robusten Rasse des schwarzweißen Hällischen Schweins, die wieder Beachtung findet. Gütesiegel werben um das Vertrauen der Verbraucher und Gäste in den Restaurants. Zum bedeutenden Ferkelmarkt in Niederstetten reisen Händler sogar aus Norddeutschland an.

Die Hohenloher Ebene wird im Süden - nicht durchgehend, doch auf eine weite Strecke deutlich - von dunklen Keuperbergen abgeschlossen, die bei Waldenburg fast 200 Meter hoch aufragen. Diese Landschaftsstufe ist bei Gaildorf und Crailsheim durch den hohen Waldanteil bestimmt, denn der Untergrund lässt keinen anderen Bewuchs zu. Die Dörfer mit ihren Fluren sind Rodungsinseln im Waldland. Dabei sind diese Siedlungen immer sichtbar ärmer als die Bauerndörfer draußen im Vorland, wo stattliche Anwesen und Aussiedlerhöfe die Fruchtbarkeit des Bodens beweisen. Manchmal sieht man noch beachtliche Einhäuser mit Stall, Scheune und Wohnteil unter einem Dach samt einem Erdgeschoss aus Sandstein und einem Fachwerkgeschoss, so wie es Mitte des 18. Jahrhunderts der Kupferzeller Pfarrer und Agrarreformer Johann Friedrich Mayer propagiert hat.

Das heutige Hohenlohe ist - nicht anders als andere Regionen in Baden-Württemberg - zufriedenstellend erschlossen und mit guter Infrastruktur versehen. Die Hauptverkehrsachse läuft in west-östlicher Richtung. Seit rund 140 Jahren gibt es zum Teil zweigleisige Eisenbahnstrecken und seit den 1970er Jahren die Autobahn Heilbronn - Nürnberg (A 6). Bei Braunsbach überspannt sie das Kochertal in einer Höhe, unter der der Turm des Ulmer Münsters, mit 161 Metern der höchste Kirchturm der Welt, Platz hätte. Vom Weinsberger Kreuz zielt ein weiterer Autobahnstrang

Ernte im Jagsttal bei Unterregenbach (ca. 1960)

Die höchste Autobahnbrücke Europas über dem Kochertal bei Braunsbach-Geislingen

Die Jugendstilkirche im ländlichen Gaggstatt

in Richtung unteres Taubertal und Würzburg. Nicht zu vergessen die Nord-Süd-Autobahn (A 7), die parallel zur württembergisch-bayerischen Landesgrenze verläuft und bei Crailsheim/Feuchtwangen die A 6 kreuzt.

Schulen aller Gattungen, Fachhochschulen in Hall und Künzelsau, Büchereien, Volkshochschulen, Musikschulen bis hin zu Kindergärten und Jugendzentren - das alles ist vorhanden, doch oft kann all dies angesichts der geringen Besiedlungsdichte in den großräumigen Gemeindezusammenschlüssen nur mit äußerster Anstrengung und Sparsamkeit bereit gehalten werden.

Hohenlohe ist eine unglaublich reiche Kulturlandschaft, in vielen Jahrhunderten von Menschen geschaffen. Auch wenn allenthalben die Zeichen und Bauten der Moderne in Form von Straßen, Siedlungen und Industriegebieten nicht zu übersehen sind, so wird zugleich die historische Vielfalt augenfällig. Das reicht von Kapellen und Meilensteinen über die Herrensitze der Reichsritter von einst, der Freiherren von Gemmingen (Maienfels), Berlichingen (nicht nur in Jagsthausen) und von Crailsheim (Hornberg bei Kirchberg an der Jagst) bis hin zu den Residenzen der Grafen und Fürsten von Hohenlohe, die ihr Land oftmals geteilt haben. Sie errichteten etliche Schlösser, so zum Beispiel in Ingelfingen, Künzelsau, Öhringen, Pfedelbach, Waldenburg, Kupferzell, Langenburg, Kirchberg, Bartenstein, Niederstetten sowie in Weikersheim im Taubertal. Und schließlich sind da die dem Kaiser direkt unterstellten und damit angeblich freien Reichsstädte Schwäbisch Hall und Rothenburg ob der Tauber. Hall lebte vom Haal, von der Sole, die zu Salz gesotten hohe Einkünfte erwirtschaftete und der Stauferstadt ermöglichte, das weite Umland zu erwerben. Im Bereich Crailsheim und Gerabronn ragte die Markgrafschaft Ansbach-Bayreuth, und damit zuletzt Preußen, auf der politischen Landkarte herein.

Den weltlichen Herrschaften standen im alten Reich geistliche Klöster gegenüber, so das Kloster Comburg bei Schwäbisch Hall, eine kirchliche Bergfeste, über die der Fürstbischof von Würzburg seine Hand hielt. Das ehemalige Zisterzienser-Kloster Schöntal im Jagsttal ist ein barockes Juwel, und im Mergentheimer Schloss hatte der Deutsche Ritterorden seine Zentrale, nachdem in der Reformation West- und Ostpreußen verloren gegangen waren.

Die Einwohner zu charakterisieren, die längst nicht mehr alle Einheimische sind, fällt nicht leicht. Das melodische, der ostfränkischen Mundart zugeordnete Hohenlohisch wird immer mehr vom Schwäbischen bedrängt. Oft werden die Hohenloher als aufgeschlossen und weltoffen bezeichnet, zugleich abwartend und heimatverbunden. Bei alledem ist Vorsicht geboten, denn vielen sitzt der Schalk hinter den Ohren. Das Wort schlitzöhrig liegt nahe, und tatsächlich wollen Eingeweihte bei den Ur-Hohenlohern jederzeit eine Kerbe an der Ohrmuschel ausmachen. Wie dem auch sei: Es ist der rechte Menschenschlag in einer harmonischen Landschaft.

Martin Blümcke

Schwäbisch Hall

Das vergessene Land, so bezeichnete man Hohenlohe - die Landschaft um Kocher, Jagst und Tauber. Ein wenig vergessen ist sie noch immer. Ausnahmen, wie die stolze Reichsstadt Schwäbisch Hall, sind für das stille Umland eher Bestätigung. Und Schwäbisch Hall ist mehr als einen Heller wert. Tief eingeschnitten in den Muschelkalk sind die Täler, in denen sich Dörfer und Städte ausbreiten oder, wie in Hall, stufig den Hang hinaufwachsen, ohne den grünen Himmelshorizont zu beeinträchtigen. Treppen und Gässchen prägen das Bild der alten Stadt, die in der engen Talsohle des Kochers entstand, an einer Salzquelle, die bereits die Kelten nutzten.

1037 taucht der Name Hall erstmals in Urkunden der Grafen von Komburg auf. Ihre im 11. Jahrhundert auf dem „Kamberg" vor den Toren Halls in ein Benediktinerkloster umgewandelte Burg, heute staatliche Akademie, thront wie eine Gralsburg über dem Kocher. Der Kronleuchter und das Antependium in ihrer Kirche St. Nikolaus sind großartige Kunstwerke der Romanik. Das Erbe der Komburger, zu dem auch Hall gehörte, traten die Staufer an, die die Stadt planmäßig ausbauten. Mit der 1156 errichteten Michaelskirche wuchs die Stadt aus dem Tal hangaufwärts. Der romanische Westturm blieb auch nach dem Neubau der gotischen Hallenkirche (15./16. Jahrhundert) erhalten. Deutschlands größte Kirchentreppe aber, auf der seit 1925 bei den Freilichtspielen Klassiker der Weltliteratur aufgeführt werden, existiert in dieser Form erst seit 1842. In St. Michael predigte der Reformator Johannes Brenz (1522), dem Hall die Neuordnung des Schul- und Armenwesens verdankt.

Das Herz der Stadt bildete die Salzquelle. Hier standen die Sudhäuser mit den großen Siedepfannen, Holz zum Sieden wurde über den Kocher herangeflößt. Die Quelle wird noch heute zu therapeutischen Zwecken und im Solebad genutzt. Die Quellenanteilseigner, Haller Bürger, verloren ihr Eigentum an den württembergischen König, nachdem Hall 1802 seine reichsstädtische Selbstständigkeit aufgeben musste und zwangsweise württembergisch wurde. Diesen „Siedensberechtigten" wurde vom Staat eine Rente „auf ewige Zeit" zugesichert, die das Land Baden-Württemberg bis heute zahlt.

6000 Menschen lebten damals in der Stadt, heute sind es über 36.000. Mauern und Türme der Stadtbefestigung sind, bis auf wenige, gefallen. Ein Spaziergang zum Neubau, dem Büchsenhaus von 1527, zeigt, wie mächtig Hall einst seine Grenze gesichert hatte. Erstmals wird unter Kaiser Friedrich Barbarossa in Hall eine neue Silbermünze geprägt, der Haller Pfennig, Heller genannt. Sie wurde die bekannteste Münze des Mittelalters und ist noch heute im Volkslied lebendig. Prägezeichen waren Kreuz und Hand, die sich im jetzigen Stadtwappen wiederfinden. Der Haller Spitzname „Doofelich" kommt übrigens von dem früher häufigen Vornamen David.

Lebendig wird reichsstädtische Geschichte im Hällisch-Fränkischen Museum, das zum Teil in einem Wohnturm eines Stadtadeligen aus der Stauferzeit untergebracht ist. Bedeutende Bildhauer, wie Leonhard Kern, haben in Hall gearbeitet, und Eduard Mörike schrieb in Hall seinen lustigen „Salzbrief". Unter württembergischer Herrschaft verlor die Stadt an Bedeutung. Sie lag abseits vom Stuttgarter Geschehen und wurde „Provinz". Anschluss an die industrielle Entwicklung fand sie zwar, aber Hall, seit 1934 übrigens offiziell Schwäbisch Hall, blieb bis heute vor allem kulturelles und Dienstleistungszentrum. Ihren Charme hat sich die Stadt bewahrt. Sie lädt zum Bummeln und zu beschaulichem Verweilen ein. Sorgfältig restaurierte Gebäude und moderne Architektur zeigen aber, daß die Zeit nicht stehen geblieben ist. Die Kunsthalle Würth ist seit 2001 Anziehungspunkt für Kunstinteressierte. Auf dem ehemaligen amerikanischen Kasernengelände, dem „Solpark" Hall, entwickelt sich in der Ost-Stadt ein neues gewerbliches Zentrum.

Christa Glück

Partie am Kocher (Haalplatz, Michaelskirche, „Neubau“)

Partie am Badtorweg mit Josenturm

Das Globe-Theater (rechts) am Kocherufer im Herzen der Stadt

Haller Salzsieder beim Aufmarsch vor dem Rathaus

Die Treppe vor der evangelischen Stadtkirche St. Michael

Treppe zum Landratsamt

Empfangsgebäude der größten Bausparkasse der Welt

Brunnenfigur am Marktplatz vor der St. Michaelskirche

Figur des Erzengels Michael in der Vorhalle von St. Michael

Blick von der Katharinenvorstadt auf den „Neubau“

Die Henkersbrücke

Rothenburg ob der Tauber

Tausende und Abertausende kommen Jahr für Jahr nach Rothenburg, um diese herrliche alte Stadt, das „Kleinod deutscher Vergangenheit", in ihrer Schönheit und Einmaligkeit auf sich wirken zu lassen. Eine umfangreiche Doppelburg auf dem markanten Bergvorsprung gab Rothenburg seinen Namen. Die Grafen von Comburg und später die Staufer waren einstmals ihre Besitzer.

Aus dem Dächergewirr der Altstadt ragt die gotische St. Jakobskirche mit ihren zwei Türmen heraus. Der Bau dieses dominierenden Gotteshauses aus dem 14. und 15. Jahrhundert war eine einmalige Leistung der damaligen Bürgerschaft. Nicht weniger imposant ist das elegante Renaissance-Rathaus, das als das vornehmste weltliche Gebäude gelten darf. Fleiß, Wohlhabenheit und Stolz des Bürgertums im 16. Jahrhundert finden ihren Ausdruck. Dicht daneben steht das alte Rathaus aus dem Jahre 1250 mit dem 56 Meter hohen Turm, in Rothenburg liebevoll „dr Rätlestuere" genannt. Von seinem Kranz aus streift der Blick nach Westen hinüber ins Hohenloher Land.

40 Quadratkilometer eigener Landbesitz umgab in früheren Zeiten die Reichsstadt Rothenburg. Dieses Hoheitsgebiet konnte sich mit dem Nürnberger Gebiet messen. Erworben wurde es durch den großen Bürgermeister Heinrich Toppler (1408 hingerichtet). Vierzig Burgen und Schlösschen und mehr als 160 Ortschaften brachte dieser ebenso geschickte wie energische Renaissancemensch unter die Herrschaft der damals bedeutenden Stadt. Während seiner Regierungszeit erfolgte der Ausbau des zweiten Stadtmauerrings mit seinen Türmen und Wehren wie auch der malerischen Brunnen, die allenthalben in den Gassen zu finden sind. Der schönste davon mag wohl der St. Georgsbrunnen am Marktplatz sein. Am Rathaus befanden sich einst die Instrumente der Strafgerichtsbarkeit. Interessiert hören die Neugierigen die Sage vom Schäfer, der 1374 einen angeblichen Anschlag auf das Brunnenwasser entdeckt hatte. Aus Dankbarkeit erhielt die Schäfergilde das Privileg, einmal im Jahr mit ihren Frauen um den Brunnen tanzen zu dürfen. Aus dieser Sage entstand der Schäfertanz.

Aber auch Kriege erschütterten die Stadt: 1525 fand der Bauernkrieg mit einem zweimaligen blutigen Strafgericht auf dem Marktplatz ein Ende und von den Folgen des Dreißigjährigen Krieges hat sich Rothenburg, obwohl die Zerstörung durch den „Meistertrunk" von Altbürgermeister Nusch abgewendet werden konnte (jährliches Historienspiel), nicht mehr erholt. Seine politische und wirtschaftliche Bedeutung war verloren. 1802 fiel Rothenburg an Bayern. Es war dies der Beginn einer zwar friedlichen, aber bedeutungslosen Zeit für die Tauberstadt: Die bayrische Munizipalstadt geriet mehr und mehr in Vergessenheit.

Erst als Wilhelm Heinrich Riehl, der Meister der Kunst des Wanderns, mit begeisterten Worten auf Rothenburgs Schönheiten hinwies, erwarb die Stadt neues Ansehen. Berühmte Maler wie Ludwig Richter, Carl Spitzweg und viele andere fanden sich ein, füllten nach Herzenslust ihre Skizzenbücher. Künstler, Architekten und Bildhauer glaubten sich ins Mittelalter versetzt und berichteten begeistert vom Zauber der Stadt, die in einen „Dornröschenschlaf" verfallen schien.

Die Besucherscharen kommen bis heute aus der ganzen Welt. Die Kunstbeflissenen sehen nicht nur die Altäre Riemenschneiders, St. Jakob, die frühgotische Franziskanerkirche und das Reichsstadtmuseum im ehemaligen Dominikanerinnenkloster, sie wandern auch hinab ins Taubertal, in das alte Dorf Detwang zu St. Peter und Paul (968) mit bemerkenswerten romanischen Elementen. Keiner ahnt mehr die Wunden, die der Stadt am 31. März 1945 durch einen Bombenangriff geschlagen wurden, als 40 Prozent der Altstadt in einem Flammeninferno untergingen. Aus Liebe zur 800 Jahre alten Vaterstadt haben die Rothenburger ihre Stadt mit Energie historisch getreu wieder aufgebaut, und sie erstand schöner denn je.

Gertrud Schubart

Röderbrunnen und Markusturm

Das Burgtor (Turm und Torhaus um 1300)

Besucher warten auf die Vorführung des „Meistertrunks“

In der Herrengasse

Bildstock und Sühnekreuze bei der Steinmühle. Im Hintergrund die Türme von Franziskanerkirche, St. Jakobskirche und Rathaus (v. l. n. r.)

Toppler-Schlösschen im Taubergrund, der sogenannte „Kaiserstuhl“ (1388)

Crailsheim

Bei Crailsheim verlässt die Jagst das waldreiche Hügelland im Süden und erreicht die Hohenloher Ebene, die sie in einem vielgewundenen engen Tal durchfurcht. Vergleichsweise wenig bekannt, gehört es trotz einiger großer Steinbrüche und der querenden Autobahn zu den unberührtesten, eindrucksvollsten Tälern unseres Landes. Der ständige Wechsel der Formen, die kaum überschaubare Wirrnis der Talschlingen, die naturnahen Laubwälder, kostbare Pflanzen und Versteinerungen, dazu schmucke Bergstädtchen wie Kirchberg und Langenburg machen das Jagsttal zu einem Geheimtip für jeden Naturfreund.

Zur Hohenloher Ebene mit ihren Tälern stehen die waldigen Höhen im Süden und Osten mit ihren stillen Weihern auf sandigem Grund in spannungsvollem Gegensatz. Prächtige Wacholderheiden schmücken ihre Säume und Ausläufer gegen Crailsheim. Auflösung von Gips in der Tiefe schuf im Reußenberg bei Maulach mit seinen zahllosen, teils Jahrtausende zurückreichenden, teils ganz jungen Erdfällen und „Lachen" westlich von Crailsheim die eindrucksvollste Gipsdolinen-Landschaft Süddeutschlands.

Inmitten dieser Naturschönheiten liegt die Große Kreisstadt Crailsheim. Trotz schwerer Zerstörungen am Ende des letzten Krieges hat die Stadt viel Sehenswertes zu bieten: Die gotische Johanneskirche im historischen „Pfaffeneck" mit spätgotischem Sakramentshaus und dem wertvollen Hochaltar aus der Werkstatt des Dürer-Lehrers Michael Wolgemut, Reste der Stadtmauer mit Diebsturm und den 1979 endgültig im alten Stil wiederaufgebauten Rathausturm, der - 1717 im Jahr der zweihundertsten Wiederkehr der Reformation errichtet - mit seinen 55 Metern als der Welt höchstes Reformationsdenkmal gilt, wofür es allerdings keinen eindeutigen Beleg gibt. Ein Kleinod ist die Gottesackerkapelle aus dem späten 16. Jahrhundert auf dem alten Friedhof.

Im gut erhaltenen Spitalviertel lädt das Crailsheimer Stadtmuseum zum Besuch ein. Es hat sich in den letzten Jahren zu einem Schmuckstück mit überregionaler Ausstrahlung entwickelt: Da ist die exzellente Musikinstrumenten-Sammlung Stüber mit Arbeiten berühmter Geigenbauer des 17. und 18. Jahrhunderts, die Fayencen-Abteilung, eine der wenigen mittelalterlichen Badestuben im deutschsprachigen Raum und eine außergewöhnliche Zusammenstellung der Kulturgeschichte des Todes.

Früher vor allem als Eisenbahnknotenpunkt bedeutend, steht heute eine vielfältige Industrie im Vordergrund des wirtschaftlichen Lebens der Großen Kreisstadt (32.000 Einwohner). Die Lebensmittel- und Hygieneartikelhersteller haben Crailsheim wegen seiner hohen Luftqualität als Standort ausgesucht. Die namhaften Hersteller von Abfüll- und Verpackungsmaschinen sowie aus dem Maschinen- und Werkzeugbau sind zum Teil Weltmarktführer.

Der **Stadtfeiertag** erinnert an eine erfolgreich abgewiesene Belagerung in den Jahren 1379/80. Die Truppen der Reichsstädte Dinkelsbühl, Rothenburg und Schwäbisch Hall lagen schon wochenlang vor den Toren der Stadt, deren brave Bürger erfolgreich alle Sturmangriffe zurückgeschlagen hatten. Als die Lebensmittelvorräte zur Neige gingen, zeigten die Crailsheimer die für ihren Menschenschlag typische Schlitzohrigkeit: Aus den letzten Mehl- und Zuckerresten buk man seltsam geformtes Gebäck. Diese „Horaffen" warf man den Feinden zu, und der Bürgermeistersgattin auf der Mauer ebenso prachtvoll wie unverschämt dargebotenes Hinterteil überzeugte auch den Letzten: Diesen Crailsheimern ist nicht beizukommen; und so zogen die Reichsstädter ab. Diese Legende wurde zwar erst in der Biedermeierzeit aufgeschrieben, aber die erfolgreiche List wird seit Jahrhunderten an Mittwoch vor Estomihi gefeiert. Und die „Horaffen", ursprünglich ein doppelhörniges Opfergebäck, das wohl auf die Germanenzeit zurückgeht und noch heute von der Stadtverwaltung alljährlich am Stadtfeiertag an Schulkinder und alte Leute verteilt wird, geben den Jagststädtern bis auf den heutigen Tag ihren Spitznamen.

Rund 200.000 Besucher strömen jährlich zum **Fränkischen Volksfest** mit seinem großen Vergnügungspark, Umzügen und Tierprämierungen. Das ursprüngliche landwirtschaftliche Bezirksfest ist das zweitgrößte im „Ländle" und beginnt immer am Freitag vor dem zweitletzten Sonntag im September.

Hans Mattern / Knut Siewert

Der Horaff - hier im Volksfestumzug - ist das Symbol der Crailsheimer

Über dem Eingang zum Fränkischen Volksfest steht der „Eiloader"

Vergnügungspark des Fränkischen Volksfestes

Die fränkische Familie in alter Tracht

Stadteinfahrt von Süden mit Bullinger Eck, Johanneskirche und Spitalkapelle

Die Kapelle im „Alten Friedhof“

Spitalareal mit Stadtmuseum

Die Johanneskirche

„Botschaft der Geschwister Scholl“ (Ausschnitt aus dem Wandgemälde von Gerhard Frank) in der Schule in Ingersheim, dem Geburtsort von Hans Scholl

FEUCHTWANGEN

Der Sage nach ging Feuchtwangen aus einem von Karl dem Großen gestifteten Kloster hervor: Kaiser Karl, der sich im Walde verirrt hatte und von heftigem Durst geplagt war, sah plötzlich eine Taube auffliegen. Dem Vogelflug folgend fand der Kaiser eine Quelle. Aus Dankbarkeit für diese Gottesfügung ließ er eine Kirche erbauen. Wie alle Sagen hat auch diese einen geschichtlichen Hintergrund: Feuchtwangen wird tatsächlich 817 erstmals als fränkisches Reichskloster urkundlich genannt. Noch heute ist das ehemalige Benediktinerkloster Mittelpunkt eines reichen kulturellen Lebens, wenn alljährlich im romanischen Kreuzgang die berühmten Festspiele stattfinden.

Feuchtwangen hat sich seinen lebenswerten, kleinstädtischen Charakter bewahrt. Neben behäbigen Häusern, bescheidenen Treppengiebeln oder dem alten Röhrenbrunnen entdeckt man romanische und gotische Kostbarkeiten um die alte Stiftskirche.

Gertrud Schubart

Sommerliche Festspiele im Kreuzgang des alten Benediktinerklosters - „Don Juan oder Die Liebe zur Geometrie“ von Max Frisch (2005)

Schrebergärten vor dem Nördlinger Tor und der Stadtmühle

DINKELSBÜHL

Die Lage der Stadt Dinkelsbühl ist der Landschaft entsprechend überaus anmutig und freundlich. Die Straßen sind breit und offen, die Giebel sanft, alles ist behäbiger und ruhiger als in Rothenburg oder Schwäbisch Hall. Die alte Wehrmauer mit ihren festen Türmen und Toren und ein breiter Wassergraben umschließen noch heute lückenlos die Stadt. Die Teiche, worin sich die alten Türme spiegeln, geben dem Stadtbild eine besondere, malerische Note.

Die einstmals Freie Reichsstadt (1273) an der Wörnitz gehörte im 12. und 13. Jahrhundert zum hohenstaufischen Besitz. Das 14. und 15. Jahrhundert war die Blütezeit Dinkelsbühls. Das Gemeinwesen entwickelte sich zu einer wohlhabenden Handelsstadt. Es entstand die wohl gegliederte Hallenkirche St. Georg (1448-1499), eine der herrlichsten Bauten der Spätgotik, und hundert Jahre später das „Deutsche Haus“, eines der schönsten Fachwerkhäuser der Renaissance. Weitere Bauten der Gotik, der Renaissance und des Barock, die heimeligen Gässchen und stillen Winkel bilden einen seltenen Reichtum an malerischen Bildern. An die Errettung der Stadt im Dreißigjährigen Krieg erinnert die jährlich gefeierte „Kinderzeche“.

Gertrud Schubart

BAD MERGENTHEIM

Bad Mergentheim zeigt ein Doppelgesicht. Die historische Altstadt wird vom schwarzen Kreuz des Deutschen Ordens geprägt: Von 1526 bis zum Ende des Alten Reiches residierte hier sogar der Hoch- und Deutschmeister. Jenseits der Tauber aber liegt das stille Kurviertel mit seinen für den Stoffwechsel so heilkräftigen Mineralquellen. Bad Mergentheim ist der meist besuchte Kurort im bäderreichen Baden-Württemberg. Die Große Kreisstadt ist das urbane Zentrum des mittleren Taubergrunds, Einkaufsziel, Arbeitsplatz, Schulort, Behördensitz. Hinzu kommt ein breit gefächertes Freizeitangebot mit dem großen Wildpark und dem Mineralbewegungsbad Solymar.

1340 erlangte der Deutsche Orden das Stadtrecht für Mergentheim. 1809 überließ Napoleon das Hochmeistertum an der Tauber seinem Rheinbund-Alliierten, dem württembergischen König Friedrich, zur Annexion. Das ehemalige Residenzstädtchen schien zu veröden. Da entdeckte im Herbst 1826 der Schäfer Franz Gehrig die Heilquelle. Unter den prominenten ersten Kurgästen war auch Eduard Mörike, der bis 1851 sieben Jahre hier wohnte. 1926 erhielt die Stadt das amtliche Prädikat „Bad“ verliehen.

Ein Stadtbummel beginnt am besten auf dem Marktplatz mit dem staffelgiebligen Rathaus aus der Renaissancezeit. Im Wachszieherhaus kam 1872 der Dichter Hans Heinrich Ehrler zur Welt, der seiner Vaterstadt das magisch durchglänzte Erinnerungsbuch „Die Reise in die Heimat“ hinterlassen hat. Etwas seitab liegt die gotische Marienkirche; die schönsten, um 1300 gemalten Fresken birgt die Sakristei. Vom Kapuzinerklösterle sind es nur ein paar Schritte zum Hochmeisterschloss mit barocker Kirche, zwei entzückenden Wendeltreppen im inneren Schlosshof und dem einzigartigen Deutschordens-Museum. Dahinter öffnet sich die grüne Weite des Hofgartens, der teilweise in den Kurpark übergeht.

Der Pfarrgang mit seinen Hausmadonnen führt zum Münster St. Johann, noch vom Johanniterorden erbaut, der dann dem Deutschen Orden gewichen ist. Burgstraße, Mühlwehrstraße und manche Gasse lassen etwas vom altfränkischen Mergentheim ahnen. Jenseits der Bahnlinie geleitet die im Kern gotische Wolfgangsbrücke mit ihrem Kapellchen über die Tauber.

Carlheinz Gräter

Deutschordensschloss

Eingang zum Kurpark
„Wer müd vom Leben oder krank, dem ist zu helfen, Gottseidank, wenn er sich kann vergunnen, den Mergentheimer Brunnen“ (Eduard Mörike)

Die Stuppacher Madonna von Matthias Grünewald (1480-1528)

In Ergänzung zur Madonna des Isenheimer Altars, die mitten in den Himmelswundern sitzt, schuf Grünewald das Stuppacher Bild, worin er die Madonna mit den Wundern der Schöpfung umgibt und sie hineinzaubert in die Schönheit des fränkischen Sommertags. Es ist eine unbekannte, himmlische Harmonie und Ruhe, welche das Bild ausstrahlt. Die Feinheit der Einzelmalerei, die Lilien, die Blumen,die Bienenkörbe, der Baum, der sich in seinem Stamm der Biegung des Leibes der Madonna anpasst, die ihr Kind auf den Knien hält, die gotische Kathedrale im Hintergrund, die fränkische Flusslandschaft der anderen Seite, alles überragt vom Regenbogen und vom Gruß der aus dem Himmel hervortretenden Dreieinigkeit - das ist in großen Linien der Inhalt und die Aussage des Werkes.

Rudolf Schlauch (1909-1971)

Am Deutschordensschloss

Blick vom Marktbrunnen auf das Schloss. Brunnenfigur des Deutschmeisters und Erbauer des Rathauses Milchling-Schutzbar.
Rechts das Haus, in dem Eduard Mörike einige Jahre lebte.

Der Schäfer Franz Gehrig, der 1826 die Heilquelle entdeckte

ÖHRINGEN, KÜNZELSAU UND DER HOHENLOHEKREIS

Der Hohenlohekreis ist zwar der kleinste unter den baden-württembergischen Landkreisen, doch leistet er sich zwei Kreisstädte: eine richtige (Künzelsau) und eine Große (Öhringen). Die Gegensätze zwischen beiden könnten größer nicht sein. Künzelsau, das ehemalige württembergische Oberamt, ist die Kreishauptstadt. Verwaltungsgebäude, Schulen und Banken bestimmen das Stadtbild. Der historische Kern - ein schmuck renoviertes altes Rathaus, die Johanneskirche, einige wenige Gässchen - ist winzig klein. Die beengte Lage zwischen den steilen Kocherhängen hat immer mehr Bürger und Betriebe dazu veranlasst, die Kernstadt zu verlassen und auf den freien Flächen hoch über dem Tal die Grenzen des Wachstums zu sprengen.

Der einst ländliche Teilort Gaisbach, ebenfalls auf der Hohenloher Ebene gelegen, wurde in den vergangenen Jahrzehnten nicht nur zum wichtigen Wohn- und Wirtschaftsplatz, sondern beherbergt zugleich einen kulturellen Anziehungspunkt, der binnen weniger Jahre Magnetwirkung weit über Baden-Württemberg hinaus entwickelt hat: das Kunstmuseum des „Schraubenkönigs" Reinhold Würth.

Wenn abends die Büros und Betriebe in der Kreisstadt schließen, fahren nicht wenige der Beschäftigten heimwärts in die Große Kreisstadt: Während Künzelsau die meisten Arbeitsplätze im Hohenlohekreis bietet, verfügt Öhringen über die meisten Schlafplätze. Mit rund 22.000 Einwohnern ist die Große Kreisstadt eineinhalbmal so groß wie der Kreissitz. Und tatsächlich: Ziemlich verschlafen wirkte lange Jahre die ehemalige Fürstenresidenz auf halbem Wege zwischen den alten Reichsstädten Heilbronn und Schwäbisch Hall. Öhringen zehrte von seiner Vergangenheit: von der Stiftskirche mit der Krypta der Kaisermutter Adelheid, von dem prächtigen Halbrund des Marktplatzes mit dem alten Stiftsgebäude, mit schmucken Bürgerhäusern und vor allem mit dem ehemaligen Fürstenschloss samt ausladendem Hofgarten, von dem alten Rathaus inmitten enger Fachwerkgassen und von der großzügig angelegten Karlsvorstadt, entstanden in den allerletzten Jahren vor dem Einmarsch der Württemberger in Hohenlohe anno 1806. Unter der neuen Herrschaft dämmerte Öhringen, wie so vieles in Hohenlohe, lange selbstvergessen vor sich hin. Doch in den vergangenen zehn Jahren ist die alte Residenz aus ihrem Dornröschenschlaf erwacht. Unter ausladenden Fachwerkgiebeln pulsiert das Geschäfts- und Kulturleben, neue Wohn- und Gewerbegebiete wachsen ins Umland hinein.

Überhaupt das Umland: Über der traditionellen Rivalität zwischen den Mittelzentren Künzelsau und Öhringen drohen die Reize der übrigen 14 Städtchen und Gemeinden im Hohenlohekreis bisweilen ein wenig in Vergessenheit zu geraten. Dabei gibt es am Rande der großen Verkehrsadern so einiges zu entdecken: zahllose Burgen und Schlösser zwischen Forchtenberg, Neuenstein und Buchenbach, dazu kirchliche Pracht von der ausladenden Klosteranlage in Schöntal bis hin zum barocken Kleinod der Meßbacher Kirche, außerdem Weinromantik zwischen Schwabbach im Südwesten und Dörzbach im Nordosten sowie Waldeslust am Südrand der Waldenburger Berge. Götz von Berlichingen, der Ritter mit der eisernen Hand, hat im Jagsttal ebenso seine Spuren hinterlassen wie der Verse schmiedende Abt Knittel.

Peter Hohl

Stadtkirche mit Denkmal vor dem Schloss in Öhringen

Öhringer Impressionen

Öhringer Schloss

Das Kochertal mit Weinbergen von Criesbach über Ingelfingen nach Künzelsau

Schloss Weikersheim

BURGEN-SCHLÖSSER - RESIDENZEN

Nach Ludwigsburg - so lautete vor geraumer Zeit der Vorschlag eines hohenlohischen Vereinsvorsitzenden an seine Mitglieder - solle der Ausflug führen, um das prächtige Schloss zu besichtigen. „Was - wegen einem Schloss sollen wir so weit fahren? Bei uns hat's doch fast in jedem Dorf eins!", war die Antwort. Und in der Tat, der Mann hat recht. An Jagst, Kocher- und Tauberhöhen und -gestaden drängeln sich an die 100 Burgen, Schlösser und Residenzen. Uralte, gut erhaltene Burgen, die zu stattlichen Schlössern ausgebaut wurden, und noch ältere, von denen nur noch die Ruinen stehen, wechseln mit ehemaligen Herrensitzen, um die sich im Laufe der Jahrhunderte vielfältige Gemeinwesen entwickelt haben.

Knut Siewert

Schloss Neuenstein

Götz von Berlichingen: „Eiserne Hand“

Burg Jagsthausen

Der Zeremonienmeister vor dem Schloss Weikersheim

Schloss Weikersheim, Rittersaal - Hier finden jährlich im Sommer Konzerte der „Jeunesse musicale“ statt

Burg Hornberg bei Kirchberg an der Jagst

Die Schildmauer der Stauferburg Amlishagen

Schloss Langenburg

Schloss Vellberg

Schloss Langenburg

Schloss Langenburg über dem Jagsttal

Hauptstraße von Langenburg mit Evang. Stadtkirche und Stadttor

Silhouette von Schloss Langenburg

Klosterkapelle Neusass

KIRCHEN UND KLÖSTER

Hohenlohe ist ein Burgen- und Schlösserland. Dennoch finden sich in der Region auch bemerkenswerte Kirchenbauten. Nur selten erreichen sie jedoch die Bedeutung und Ausmaße der ehemaligen Reichsabtei Schöntal oder der eindrucksvollen Comburger Klosterburg bei Schwäbisch Hall. Prägend für die Dörfer und Städtchen im Hohenloheschen sind vielmehr kleine Chorturmkirchen, die neben religiösen in früheren Zeiten auch Verteidigungszwecken dienten. Nicht selten stößt man in ihrem Inneren auf alte bildmächtige Fresken, so etwa in Buchenbach, Frauental, Bächlingen, Rieden oder Kocherstetten, um nur wenige Orte zu nennen.
Herausragende Beispiele der religiösen Kunst repräsentieren die Stuppacher Madonna von Matthias Grünewald und der Riemenschneider-Altar in der Creglinger Herrgottskirche. Zu den regionalen Besonderheiten zählen auch die Jugendstilkirche in Gaggstatt und die Anhäuser Mauer, eindrucksvolles Relikt eines ehemaligen Paulinerklosters auf freier Flur.

Folker Förtsch

Kloster Schöntal

Tilman Riemenschneider: Marienaltar in der Herrgottskirche bei Creglingen (Details)

Kloster Comburg bei Schwäbisch Hall

Hochaltar der Johanneskirche in Crailsheim

Hochaltar der Johanneskirche

Zu den Schätzen der Crailsheimer Johanneskirche zählt an erster Stelle der Hochaltar mit dem spätgotischen Flügelretabel. Es wurde um 1490 in der Werkstatt des Nürnberger Meisters Michael Wolgemut, des Lehrers Albrecht Dürers, geschaffen. Die Abbildung zeigt die „Werktagsseite" des Retabels mit Bildtafeln zum Leben Johannes des Täufers, wie sie die Gläubigen und Kirchenbesucher früher an Werktagen und in der Fastenzeit zu sehen bekamen. Nur an Sonntagen und zu hohen Kirchenfesten wurden die Flügel geöffnet und die „Feiertagsseite" mit einem vierteiligen Passionszyklus und der zentralen Kreuzigungsgruppe wurde sichtbar. Heute stehen die Flügelretabel des Altars gewöhnlich offen, die Ansicht der geschlossenen „Werktagsseite" ist daher eine große Seltenheit.

Folker Förtsch

Die „Anhäuser Mauer“, ein Überrest des ehemaligen Klosters Anhausen bei Gröningen

MUSEEN IN HOHENLOHE

Außerordentlich reichhaltig und vielfältig ist die Museumslandschaft in Hohenlohe, eine selbst nur annähernd vollständige Erfassung daher unmöglich. Keine Stadt, und sei sie noch so klein, die nicht ein eigenes Stadtmuseum aufweisen könnte, das über die Heimatgeschichte und lokales Brauchtum informiert. Ganz falsch liegt aber, wer meint, dass die Hohenloher Museumslandschaft deshalb eher provinziell wäre.

Dafür sorgt schon die Kunsthalle Würth in Schwäbisch Hall, in der seit 2001 in Wechselausstellungen Kunst von internationalem Rang präsentiert wird. Wie bei ihrem schon etwas älteren Gegenstück, dem Museum Würth am Konzernsitz in Künzelsau-Gaisbach, stellt auch hier die Gebäudearchitektur an sich schon ein Kunstwerk dar.

Die stolze reichsstädtische Vergangenheit Schwäbisch Halls, aber auch Kapitel der neueren Stadtgeschichte präsentiert das Hällisch-Fränkische Museum. Mit der Vertäfelung des Unterlimpurger Betraums, die der jüdische Wandermaler Eliezer Sussmann 1738/39 schuf, befindet sich das Museum im Besitz des bedeutendsten noch erhaltenen Zeugnisses jüdischer Kultur in Deutschland.

Überregionales Format weist ohne Zweifel auch das Crailsheimer Stadtmuseum auf, das im historischen Gebäudekomplex des früheren Spitals untergebracht ist: Regelmäßige Sonderausstellungen mit renommierten modernen Künstlern sowie zu Themen aus der Kulturgeschichte ergänzen die Sammlungen an historischen Musikinstrumenten, Fayencen und Zeugnissen zur Stadtgeschichte.

Natürlich verfügen auch die ehemaligen Reichsstädte Rothenburg und Dinkelsbühl über wertvolle museale Sammlungen. In Rothenburg locken das im ehemaligen Dominikanerkloster untergebrachte Reichsstadtmuseum, das Kriminalmuseum sowie das Puppen- und Spielzeugmuseum die Besucher. Seit 2000 existiert hier auch das erste Deutsche Weihnachtsmuseum der Familie Wohlfahrt. Neben den Exponaten des Historischen Museums beleuchtet seit 2006 die Hexenausstellung im Rothenburger Tor einen besonderen Aspekt der Dinkelsbühler Geschichte. Einen längeren Besuch lohnen auch die Sammlungen des Deutschordens-Museums in Bad Mergentheim, darunter das Mörike-Kabinett.

Der ursprünglich bäuerliche Charakter Hohenlohes erschließt sich in besonderer Weise im Hohenloher Freilandmuseum Wackershofen. Eingebettet in eine wunderschöne Hügellandschaft mit Streuobstwiesen, Weinbergen und kleinen Gewässern dokumentieren auf einem Areal von 40 Hektar über 60 historische Gebäude das ländliche Leben früherer Generationen. Aus allen Teilen Hohenlohes wurden sie, mit zum Teil sehr großem Aufwand, im Originalzustand hierher transloziert und gründlich erforscht. Zum Freilandmuseum gehören die Hammerschmiede im Gronachtal (ein technisches Kulturdenkmal in Betrieb) und das Rößler-Museum in Untermünkheim mit herrlichen Bauernmöbeln. Die bäuerliche Kultur Hohenlohes wird auch im kleinen und liebevoll zusammengetragenen Heimat- und Bauernmuseum Reubach präsentiert.

Darüber hinaus findet sich für jede Vorliebe und jeden Geschmack etwas: Geologisch und frühgeschichtlich Interessierte besuchen das Muschelkalkmuseum Hagdorn in Ingelfingen oder das Urweltmuseum in Waldenburg. Technikfreaks, insbesondere Autoliebhaber, zieht es in das Deutsche Automuseum nach Langenburg oder das Motor-Museum in Öhringen. Und dann gibt es da noch das Grabungsmuseum in Unterregenbach, das Fingerhutmuseum in Creglingen, das Alchemie-Museum in Weikersheim und, und, und ...

Ungewöhnlich reich ist auch die Gedenkstätten-Landschaft in Hohenlohe. Zahlreiche Orte der mahnenden Erinnerung an die frühere jüdische Geschichte und die nationalsozialistische Gewaltherrschaft zeugen vom offenen Umgang auch mit den dunklen Seiten der Regionalgeschichte (u.a. Jüdisches Museum Creglingen, KZ-Gedenkstätte Hessental und Erinnerungsstätte „Männer von Brettheim").

Folker Förtsch / Knut Siewert

In der Kunsthalle Würth in Schwäbisch Hall

Deutsches Automuseum Langenburg

Crailsheimer Stadtmuseum mit Fayencen und der Geigensammlung von Johann Stüber, eine der bedeutendsten Streichinstrumentensammlungen Deutschlands

Synagogenvertäfelung im Hällisch-Fränkischen Museum in Schwäbisch Hall

Hohenloher Freilandmuseum Wackershofen

HOHENLOHER SCHÖPFUNGSGESCHICHTE

„Aan will i noch mache", sprach der liebe Gott am siebten Schöpfungstag zum Engel Gabriel, „aan mid`m ganz bsundere Bfiff!", und wies auf die Gestalten hin, die er bereits gefertigt hatte: Indianer und Kaffern und Franzmänner und Engländer und Sachsen.

„Laaf wahli numm un holl mr noch an Batze Lädde, vorm Beedleide muess'r ferdi sei!" Der Engel Gabriel schwirrte ab und kam mit einer Handvoll Blauletten zurück. „Ka anderer iss nimmi doa, liewer Godd", meinte er, „dr ganze Reschd vun demm schääne gelwe Lädde iss fär die Haufe Kihnese druffgange!"

„Mechd nix", sagte der Schöpfer gut gelaunt, „deen krieche mr aa sou nou!" Und da ihm an diesem paradiesisch schönen Abend die Arbeit besonders leicht von der Hand ging, stand eine Viertelstunde später ein Prachtkerl auf der Töpferscheibe: leicht mager, was auf gute Rasse schließen lässt, kühn der Blick und ein fröhlicher Zug um den Mund.

Der liebe Gott stand zufrieden auf. „Sou, Gawriel", sagte er, „jetzt kouschd di Kerrlich brenne! I gäh middlerweile fär a halwi Schdund ins ‚Goldene Himelsdoor' un drink a Värdele."

Der Gabriel machte sich sogleich ans Werk, aber - o großes Missgeschick - als er die letzte Ladung in den Brennofen schob, stieß er mit dem Blech an die Ofentür und ausgerechnet das Meisterstück fiel um. „Heilichs Blechle", stöhnte der himmlische Unglückswurm, denn der Prachtkerl aus Blauletten hatte dort, wo das Hinterteil sein sollte, eine Mordsdalle, und auch der Hinterkopf war plattgedrückt. Der Gabriel probierte schnell ein wenig herum, aber die Sache gelang ihm nur unvollkommen, vor allem entstand genau hinter dem Ohr bei dieser eilfertigen Reparatur eine kleine Falte. Und in diesem - sozusagen schlitzohrigen Zustand - wurde der Umgefallene gebrannt.

Als der liebe Gott das Brennergebnis besah, fiel ihm die Sache gleich auf. Da jedoch aus den Händen des Schöpfers nichts Unvollkommenes kommen kann, meinte der Herr, das solle von aller Welt nicht als Fehler, sondern als Auszeichnung angesehen werden. Und zum vollständigen Ausgleich des Schadens schickte er sein Lieblingswerk nicht am Jangtsekiang auf die Erde, wie den Chinesen, und nicht im schwarzen Afrika oder in der Nähe von Berlin, sondern unweit von Bartenstein im Hohenloheschen.

Bumms, tat es, als es den Hohenloher auf die hohenlohesche Erde hieb. Doch er stand frohgemut auf, sah das liebliche Ettetal mit dem weiten Jagsttal im Hintergrund, die Weingärten entlang der Tauber, die herrlichen Waldenburger Berge, die reichen Obstgärten um Öhringen, die fruchtbringende Haller Ebene und das Wiesen- und Weideland gegen die Rothenburger Landwehr zu. „Doa bleib i, doa gfelld's mr", sprach der Hohenloher. Er gründete sogleich ein halbes Dutzend Fürstentümer, begann mit der Hummeleszucht und baute etliche Wirtshäuser; denn - da er aus Blauletten gemacht ist, einer Lehmart, die besonders viel Flüssigkeit braucht, um geschmeidig zu sein - hat er alleweil argen, sozusagen himmlisch bedingten Durst.

Das alles aber zusammen: die Schlitzohrigkeit und die absonderliche Leiblichkeit, die hohe Schöpferlaune des lieben Gottes und der Blauletten, das macht aus, dass über den Hohenloher so viele heiter-hintersinnige Geschichten erzählt werden können.

Manfred Wankmüller

(Die Erzählung vom Urhohenloher ist der Auftakt zu den vier Bänden „Schlitzöhrige Geschichten" des 1988 verstorbenen Mundart-Autors Manfred Wankmüller. Aus der Feder des früheren Chefredakteurs des Hohenloher Tagblatts stammt auch das Buch „Mit lauter lieben Leuten unterwegs", das seine Leserreisen-Erlebnisse schildert. Die „mw"-Bücher sind erschienen im Hohenloher Druck- und Verlagshaus Gerabronn und werden jetzt vom Baier Verlag Crailsheim ausgeliefert.

PS: Ein Hummel ist übrigens kein gemächlich daherschwirrendes Insekt, sondern ein mächtiger Zuchtstier.)